TUM

MERI SI

HITANSH BHARDWAJ

ISBN 979-888591517-5

Contents

Contents

Kisse Banane Nikle,

Ek Kahani Ban Gayi,

Unki Aankhon Ki Gehrai,

Is Kitaab Ki Nishani Si Ban Gayi...

-Hitansh Bhardwaj

Introduction

Accha laga aapko phir yahan dekhkar,

Par is baar koi maayus kissa ya koi dukh dard batane nahi aaya hoon. Is baar toh izahaar karne aaya hoon, Haanji sahi samjhe, ho gaya mujhe bhi pyar... Aur sacch bataun maine kabhi socha hi nahi tha ki itna khoobsurat aur accha bhi kabhi lag sakta hai jitna aaj kal lag raha hai.

Toh maine socha ki kyon na apne zasbaat is kalam mein bhar doon aur kaagaz par utaar sabke saath baatun, Ye kitaab mere liye bohot khaas hai kyonki ye maine kisi khaas k liye likhi hai, Aur sacch unki ehmiyat is kitaab se lakhon guna zada h aur main likh nahi sakta apne saare zasbaat ye typing board chalna band ho jayega, ye bas maine ek choti si koshish kari hai apni baat samjhane ki, aur fikar na karein is kitaab k aakhri panne tak aapke chehron par muskaan hi rahegi kyonki main khud har kavita k baad 2 minute ruk kar muskuraya hoon, aur abhi toh time bhi Valentines ka chal rha hai toh aise mein kyon hum bhi kisi ko niraash karein,

Main aasha karta hoon aap ye kitaab bohot sukoon se padhenge aur aakhir tak aap bhi izhaar kar denge... Tum-Meri si kitaab mein har khoobsurat zasbaat hai- Pyar, Jalan,Shaq,Majboori, Duri aur bohot kuch hai. Aur is kitaab k andar hi 2 kitaab hai Tum aur Izhar.

Main chahunga ki jo bhi ye kitaab padhe bas ye soch kar padhe ki ye aapke chahne waale ne aapke liye likhi hai aur voh ye batana chahta hai ki aakhir "TUM HO KYA"?

Toh chaliye shuru karte hain Tum se Izhaar tak k silsile ko...

1. Pehli Nazar

Dekha pehli baar toh dekhte reh gaye,
Bina kuch bole, Bina kuch sune,
Bas dekhte reh gaye,
Ki khuda ne farishta sa banaya hai,
Ki kaise is khoobsurati ko sajaya hai,
Nazre hata na paayein unse,
Dur khade bas muskura rahe hain,
Voh zulfien bikhra rahi hain,
Aur yahan hum sharma rahe hain,
Pehli nazar ka pyar hai,
Bas unhe dekhne k baad k kuch aalam yaad nahi,
Bas apni haalat yaad nahi,
Ab likhne kya waale thae ye yaad nahi,
Kyonki phir yaad aa gayi voh,
Pehli nazar unki...

-likhtahoon_29

2. Jhalak

Khush hoon k khoya hoon,
Bechaeni mein chaen se soya hoon,
Unki jhalak hi hai meri soch mein,
Isi soch ko soch-soch kar khoya hoon,
Pal-pal kaatna sata raha hai,
Unko dekhne ko jee chah raha hai,
Ek halki-si mulakaat ko tarse hain,
Voh humein jaanti bhi nahi ya soch kar haste hain,
Uske liye toh bas ek anjaan hi hai hum,
Par voh humari jaan si ban gayi hai,
Unki nigahein, Unki dheemee awaaz,
Dil ko sukoon si lag gayi hain,
Fikar aur zikar bas unka hone laga hai,
Ye lamhe bitaana mushkil sa ho gaya hai,
Jab se unki jhalak dikh gayi hai,
Jab se unki jhalak dikh gayi hai...

-likhtahoon_29

3. Soch Se Zaada

Mohabbat thi tum ab aadat ban gayi ho,
Meri aayat ho tum, meri ibadat ban gayi ho,
Tumhari wafa se badhkar tumhe pyaar denge,
Tum meri har himakat ki wajah ban gayi ho,
Mera kal sudhar kar tum mera aaj ban gayi ho,
Mere pal-pal jeene ki umeed ban gayi ho,
Sacchi mohabbat hai ye toh nahi pata,
Par tum meri humsafar si ban gayi ho,
Galti jo pyar tha tum uski gawah ban gayi ho,
Mujhe sawaarne ka naya salika de gayi ho,
Tumse dil-lagi kar bethe,
Tumne dil hi le lia,
Mere shikwe, Apna gila,
Sab pare kar dia,
Mujhe meri soch se zaada pyar kar lia,
Meri soch mein apna ghar kar dia,
Mujhe khud se zaada pyar kar lia...

-likhtahoon_29

4. Bas

Zaahir kar chuke dil ki baatein,
Zaahir kar chuke hain haalaat saare,
Tum bas saath nibha jana meri maut tak,
Kaafi nahi maang rahe hain,
Bas haath maang rahe hain,
Sahare ko,
Bas chaen maang rahe hain,
Sone ko,
Bas pyaar maang rahe hain,
Tumhari baatein sun rahe hain,
Tumhari fikar kar rahe hain,
Bas filhaal maang rahe hain,
Tumhari baahon ko...

-likhtahoon_29

5. Tera Hona

Bikhre se thae, Tute se thae,
Jab tumne thama tha,
Uljhe se thae, Bigde se thae,
Jab tumne apna mana tha,
Haan mana abhi sambhale nahi,
Haan mana abhi sudhre nahi,
Par behtar hai ye haalaat mere,
Tere hone ki wajah se,
Khush hain ab din-raat mere,
Tere hone ki wajah se,
Tujhe paane ki khwaaish nahi,
Tera hone ki koshish hai,
Tujhe khone k baad ki mohabbat nahi,
Tere saath hone ki chahat hai,
Tera hone ki koshish hai...

-likhtahoon_29

6. Tum Aur Main

Tum baatein badi karti ho,
Phir bhi kehne se darti ho,
Tum apna mujhe kehti ho,
Phir bhi mujhe khone se darti ho,
Ye kaisi si chahat hai tumhari,
Mere hote huae bhi, Meri hone ko phirti ho,
Badi masoom si dikhti ho,
Par mujhe khurafaati lagti ho,
Kaafi chup si rehti ho,
Par mujhe shor si lagti ho,
Ye kaisi si soch hai meri,
Teri baaton ki baaton mein,
Tum mujhse baatein kum karti ho,
Tum badi acchi si lagti ho,
Tum mere saath hi jachti ho...

7. Aadat

Kabhi mili nahi mujhe itni wafa,
Toh aadat si nahi,
Kabhi nibha hi nahi paaye apne kiye waade,
Toh aadat si nahi,
Kabhi doobe hi nahi itna kisi ki aankhon mein,
Toh aadat si nahi,
Kabhi itni aadat nahi hui kisi ki,
Toh meri aadat mein nahi hai,
Ye junoon, Ye mohabbat,
Sab kaafi naya sa hai,
Ek- tarfa ishq ki mohabbat thi,
Ye do-tarfa koshishon ki aadat si nahi hai,
Bas ab soch ki tumhari,
Aadat si lag gayi hai,
Tumhe likhne ki,
Ye aadat si lag gayi hai,
Tumse mohabbat ho gayi hai,
Ye tumhari mohabbat ki,
Aadat si lag gayi hai...

-likhtahoon_29

8. Samjho

Aksar is soch mein doob jata hoon,
Har pal teri khoj mein bhul jata hoon,
Ki tu meri hi hai,
Mushkil nahi ye mere liye, Par tu asaan bhi nahi,
Manzil saath chalne ki hai, Baat bas wafa ki nahi,
Mohabbat bas pyaar ki nahi, Pareshaani mein bhi hai,
Main kaabil ya nahi, Ye baatein bas khuda se ki hai,
Khud ko girana na kabhi, Sambhalne ko haath hai,
Kabhi kuch chupana na humse, Har kadam mein ye sirfira saath hai,
Kalam se teri khoobsurati, Khuda se teri ibadat,
Jataane ki iski aadat, Yahi iska-tera pyar hai,
Bataane ki koshish, Samjhaane ki meri saazish,
Tu mere jeevan ka ek aehem kirdaar hai,
Tere jaisa na koi yaar tha,
Na terese badhkar koi pyar hai...

-likhtahoon_29

9. Tumhari Baatein

Mujhe tumhara har andaaz pasand aata hai,
Mujhe tumhara ye pyar pasand aata hai,
Fikar se shuru hota hai, Fikar mein raat aa jati hai,
Tumhe dekhe bina aajkal chaen se kahan neend aati hai,
Tumhare siwa kisi se milne ko jee nahi chahta,
Tumhari harkatein is dil ko bhi bhaati hain,
Mujhe tumhari har baat pasand aati hain,
Tumhari baaton se shuru, Tumhari baahon mein khatam ho ye din,
Bas yahi aas dil ko lagi rehti hai,
Teri nigahein aur teri khushboo is dil ko bhaati hai,
Tumhari har baat mujhe pasand aati hai...

-likhtahoon_29

10. Ye Kitaab

Har sukoon tujhse mila hai,
Har haqiqat tere kadmo se bani hai,
Har waqt tere husn ki baatein ho jisme,
Aisi meri ye kitaab bani hai,
Tere zikr ko kalam mein bhar dia hai,
Kaagaz par bas dil-zubaani likhi hai,
Tere lafzon ki aadat si hai,
Isliye tere naam ki ye ek nishani chapi hai,
Tujhse duriyon mein mohabbat,
Tere kareeb aane ki koshish,
Teri msumiyat aur teri shararat,
Ko ek shayar ki nazar lagi hai,
Isliye teri kahani har shaqsh ko suhani lagi hai,
Mere dil ki aas thi tu,
Aaj mere hone ka ehsaas bani hai,
Tere-mere ishq ki ye kitaab bani hai...

-likhtahoon_29

Ye Suno...

Khuda se khushiyaan maangi,

Usne apna farishta bhej dia,

Khuda se wafa maangi,

Usne apna ek hissa bhej dia,

Maangi nahi khuda se phir maine apni taqdeer,

Kyonki tere hone ne,

Khuda ko ye pata de dia...

-Hitansh Bhardwaj

11. Tumhe Bas

Ek raaz batata hoon,
Main tumhe chahta hoon,
Tumhe aadat sa banana hai,
Tumhe ibadat mein maanga hai,
Tumhe aayat sa padha hai,
Tumhe subah-shaam likha hai,
Tumhari baatein bhi sunni hai,
Kuch apna bhi kehna hai,
Tumhe shiddat se chahna hai,
Tumse bas itna kehna hai,
Tumhe bas itna karna hai,
Kuch zasbaat bataane hai,
Kuch haalaat samjhaane hai,
Aur bas saath chalna hai,
Tumhe bas itna karna hai...

-likhtahoon_29

12. Mera Dil

Ab guzarta nahi aalam teri awaaz k bina,
Ab khilta nahi ye chehra teri muskaan k bina,
Tujhe shayad maaloom hai meri haalat,
Ab chupta nahi mujhse tera ye hasi silsila,
Ab be-daag chaand chaand hi dikhta hai taaron k siwa,
Ab bas ek naam hi rat-ta hai mera dil besura,
Tujhe roz raat padhta hai mera dil bewajah,
Ab ek khwaab pura sa lagta hai,
Ab kuch raaz nahi lagta hai,
Ab bas raas yahi aata hai,
Tere paas hone ko aata hai,
Phir duriyan bata jaata hai,
Aankhon hi aankhon mein ye pyaar jata jaata hai,
Mera dil bewajah, Tera dil bewjah...

-likhtahoon_29

13. Kehna Tha

Kabhi bata nahi sakte hain teri fikar,
Kabhi bata nahi sakta main tera asar,
Tere husn se ishq hai ya tere hone se mohabbat,
Kabhi bata nahi sakta main apne ishq ki ibadat,
Teri maayusi se jalan jata nahi pata,
Teri naraazgi mein main tujhe mana nahi pata,
Tere rone par bas kuch bhi badbadane lagta hoon,
Teri aankhon k aage apna ye junoon chupa nahi pata,
Tujhe be-hadd chahne ki mauhlat hai rab se,
Tujhe aksar kehne ki koshish hai kab se,
Tere jaisa zindagi mein pehli baar aaya hai,
Rab se zaada mujhe ab tera khayal aaya hai...

-likhtahoon_29

14. Kis Wajah Se

Jin wajahon se wafaein hai, Kya,
Voh teri nigahein hai, Ya,
Voh teri harkatein hai, Nahi,
Voh teri nigahein hai, Par,
Teri hasi ka kusoor bhi ho sakta hai,
Meri madhoshi ka raaz,
Teri zulfein bhi pighla sakti hain,
Is masoom jaan ka haal,
Teri baatein bhi ajab ki hain,
Kahin ye in baaton ka asar toh nahi,
Ya teri masoomiyat ka kusoor hai,
Mujhe toh bas itna maloom hai,
Teri ibadat se din shuru,
Teri ibadat par din khatam hai...

-likhtahoon_29

15. Wada

Teri wajah se kaabil banunga,
Tere hone se kuch haasil karunga,
Teri manzoori se hi aage badhunga,
Teri khamoshiyon ki awaaz banunga,
Main tere hoton ki pyari si baat banunga,
Tere khayalon mein din-raat chalunga,
Tere dil k har kone mein basunga,
Main teri baaton ki wafa banunga,
Kuch zada dene ko nahi, In waadon k siwa,
Par teri kasam,
Teri khushi k liye har haalaat se ladunga,
Teri baahon mein sir rakh marunga,
Tujhse teri zindagi na lunga,
Bas teri zindagi mein apne rang bharunga,
Teri ragon mein khoon sa bahunga,
Teri saanson mein saans sa basunga,
Tere alawa bas humare pariwaar ki fikar karunga...

-likhtahoon_29

16. Izajat

Mujhe izajat dena, Ki tumhe sun sakoon,
Mujhe izajat dena, Ki tumhe likh sakoon,
Mujhe izajat dena, Ki tumhe padh sakoon,
Tumhe bata sakoon, Ki tum sukoon ho,
Mohabbat se zaada mera junoon ho,
Aadat si ho tum, Tum mera guroor ho,
Kaise bataun, Tum ho toh main mashoor hoon,
Mujhe izajat dena, Ki tumhe gaa sakoon,
Mujhe izajat dena, Ki tumhe suna sakoon,
Mujhe izajat dena, Ki tumhe mana sakoon,
Tum naraaz ho toh main kaise sone jaa sakoon,
Kaise kuch kha sakoon, Chaen ho tum mera,
Meri raaton ki baat ho, Mere akelepan ka saath ho,
Tumhe dekhe bina kaise ye aankhein band karloon,
Tumhe sune bina kaise koi gana sunloon,
Tumhi batao,
Tumhe kaise chahoon,
Ki tumhe paake bhi aur paane ki aas rakhoon...

-likhtahoon_29

17. Khuda Ne Bheja Hai

Tumse acchi koi aadat nahi lagi,
Tumhare jaisa koi nasha nahi bana,
Tumse husn mein gareeb hain ye farishte,
Tumhare jaisa koi dusra nahi bana,
Khuda ki khoobsurati ho tum,
Khuda k haathon se bani ho,
Tumse acchi amanat na koi,
Tum aake mere saath khadi ho,
Tum bas ek dua si ho meri,
Jo na-jaane kaise maan ye khuda,
Sukoon maanga tha inse, Tumhe bhej k mujhe khud se hi kar dia juda,
Tumse buri lat nahi koi,
Tumse bhali sangat nahi koi,
Tumhara hona matlab qismat ka khoobsurat hona,
Tumhari aadat se acchi aadat nahi koi...

-likhtahoon_29

18. Samajh Jana

Main tumhari kadar karta hoon,
Isliye kabhi rokta nahi,
Main tumhare ruthne se darta hoon,
Isliye kabhi bhadka nahi,
Main tumhari mayusi se ghabrata hoon,
Isliye kabhi tokta nahi,
Tumpar khud se zaada bharosa karta hoon,
Isliye kabhi kuch puch hi nahi,
Jitna tum bataogi utna hi maanunga,
Uske alawa aur kuch sacch nahi,
Jitna tum chahogi utna hi kahunga,
Uske badle teri muskaan sacch sahi,
Tujhe kabhi na kuch karne se rokunga,
Tum samajh jana, Kyonki tum kehti toh ho,
Tum mere dimaag mein ho toh sahi...

-likhtahoon_29

19. Badi-Badi Baatein

Tumse dur hain, Par tumhare hi sabse paas hain,
Tumse ruthe bhi toh, Tumhe manane ki aas hai,
Teri berukhi nahi, Naa-hi teri mayusi,
Humein toh bas teri mohabbat hi raas hai,
Humein toh bas teri hi aas hai,
Tere bina mera koi raaz hi nahi hai,
Tere siwa meri koi awaargi hi nahi hai,
Utni wafa ki baatein main karta hoon,
Tere alawa aur kisi se wafa hi nahi hai,
Teri nigahon k nashe aise hain,
Inse accha koi aur suroor hi nahi hai,
Teri adaon ne aisa chup kia hai,
Tere siwa soch mein koi naam hi nahi hai,
In duriyon ka mera pyar bas tu hi hai,
Aur kuch nahi pata,
Kya sahi hai, Kya nahi hai...

-likhtahoon_29

20. Jab Se

Mere hoton ko lagi ho jab se,
Tumse accha koi lagta hi nahi,
Mere baahon ko mili ho jab se,
Tumhare alawa kisi se milta hi nahi,
Mere aakhon ko dikhi ho jabse,
Tumhari jhalak sa koi dikhta hi nahi,
Mere dil ko bhai ho jab se,
Aur kahi dil lagta hi nahi,
Mere haath ko pakda hai jab se,
Teri khoobsurati k alawa kuch likhte hi nahi,
Mere humsafar tum bane ho jab se,
Tumhare siwa chalne ko hi mann nahi,
Mere rab se jab bhi manga hai tumhe,
Unke jawaab mein teri muskaan hi sahi,
Mere baaton par mat jaana,
Meri mohabbat is kalam se zaahir hi nahi...

-likhtahoon_29

Ye Padho...

Main taaron sa chamakta hoon,

Jab tum chaand si muskuraati ho,

Main hazaron mein ek sa lagta hoon,

Jab tum mujhe paas apne bulati ho...

-Hitansh Bhardwaj

21. Mera Nazariya

Kabhi socho meri soch se,
Tumhe tum pyaari lagne lagogi,
Kabhi dekho meri aankhon se,
Tumhe tum farishte si dikhne lagogi,
Zaahir hai tumhare nazariye se pyara nahi humara nazariya,
Par tum humare nazariye ko chu bhi logi,
Toh qismat ki khushi si milegi,
Tumhari baaton ki raahat aur sukoon si milegi,
Tumhe chahne ki chahat har din thodi zaada badhegi,
Teri narazgi tujhe thodi kum si lagegi,
Meri shararatein tujhe bachpane si lagegi,
Teri harkatein tujhe nayaab si dikhengi,
Tujhe teri raatein roshan si langengi,
Mera junoon teri aadat si banegi,
Humari mohabbat tujhe sacchi si lagegi...

-likhtahoon_29

22. Karta Hoon

Tujhe dekhne ki wajah dhundhta phirta hoon,
Tujhse milne ki dua karta phirta hoon,
Duriyon se thoda khafa sa hoon,
Par in duriyon mein nazakdikiyon ka zikar karta phirta hoon,
Mann ko samjhaane ki koshish karta hoon,
Dil ko teri tasveeron se behlaane ki koshish karta hoon,
Teri awaaz sunke thoda kum rone ki koshish karta hoon,
Khud ko tujhse jodne ki saazish karta hoon,
Sacch ye bhi hai ki teri ek jhalak k liye tarasta hoon,
Sacch ye hi hai ki tujhse bepanah mohabbat karta hoon,
Qismat ko kosta tha pehle, Ab isi qismat ka shukriya karta hoon,
Teri wafaon ki chadar mein sukoon se sota hoon...

-likhtahoon_29

23. Intezaar

Mujhe intezaar hai,
Tere saath pehli barsaat ka,
Mujhe intezaar hai,
Tere saath pehle jaise pyaar ka,
Mujhe intezaar hai,
Teri taraf se izahaar ka,
Mujhe intezaar hai,
Teri baahon mein sone ka,
Mujhe intezaar hai,
Teri in nigahon mein aur khone ka,
Mujhe intezaar hai,
Tujhse duriyan khatam hone ka,
Mujhe intezaar hai,
Ye intezaar khatam hone ka...

-likhtahoon_29

24. Tere Aane K Baad

Tere aane k baad,
Khushi dhundhi hi nahi,
Tere aane k baad,
Maayusi hoti hi nahi,
Haan bechaeni zaahir nahi hoti,
Par teri fikar na ho aisa hota hi nahi,
Maine toh sab kalamon mein tere naam ki syahi bhar di hai,
Kyonki tere siwa kisi ki baatein hoti hi nahi,
Maine ab sona shuru kar dia hai,
Kyonki aise sapne pehle kabhi huae hi nahi,
Tere aane k baad,
Khud ki dua kari hi nahi,
Tere aane ka baad...

-likhtahoon_29

25. Teri Wafa

Khoobsurat si sirat,
Surat k toh kya hi kehne,
Teri mohabbat k kisse,
Teri wafa aur voh tere waade,
Uff! Aisa hota hai pyaar,
Itna khoobsurat lagta hai,
Jism, Dil aur Jaan,
Sab tere hi hawaale,
Teri mohabbat k kisse,
Teri wafa aur voh tere waade...

Izhaar...

Ab humein bas aapke aane ka intezaar hai,

Kuch bhi kaho aap, humein toh bas aapse aitbaar hai,

Junoon aapse mohabbat ka humare dil par sawaar hai,

Ye na-chiz aapke liye kuch bhi karne ko taiyaar hai,

Is dil ko aapse pyaar beshumaar hai,

Ishq kar bethe hain aapse, itna hi hai bas,

Apni mohabbat ka aaj izhaar hai,

Saach bataein aapke bina jeena bekaar hai,

Humein aapse pyaar hai, Beshumaar hai...

-Hitansh Bhardwaj

26. Raaz

Unse badi is duniya mein na koi hasti hai,
Voh bade hi alag andaaz se hasti hai,
Unki aakhon se ek bechaeni si jhalakti hai,
Is shaant se dil mein unhone basai ek basti hai,
Kuch bhi kaho voh humein bohot jachti hai,
Dil ki bhi voh saaf hai, Unke saath rehna bhi bohot khaas hai,
Unki wajah se humara haal hai- filhaal hai,
Is na-paak ko jisne paak bana dia,
Kamzarf dil ko humdard bana dia,
Aise hi hai bas, inko humne apna kal aaj aur kal bana dia,
Baaki sab hum aap par chorte hain,
Hum aap par fida hain itna humne aapko bata dia,
Humne aapko apna ek raaz bata dia,
Humdard bana lia, Humraaz bata dia...

-likhtahoon_29

27. Mohabbat

Tu mere aasmaan mein chaand sa lagti hai,
Meri neend har raat tujhe dekhne ko jagti hai,
Meri rooh mein ab tera nasha sir chad k bol raha hai,
Tu humein andheron mein ujala si lagti hai,
Samay maanga hai tumne humse pyaar nibhane ka,
Hum apni puri zindagi laga denge tumse izhaar jo kardia,
Bhari mehfil mein keh deng humne tumse pyar jo kar lia,
Bas ab intezaar hai humein aapke us ishare ka,
Jisse aap humein apna hoti dikhengi,
Bas ab intezaar hai humein aapke us ishare ka,
Jisme aap humein apna keh dengi,
Zaahir hai ki hum dono ki mohabbar pehle dokha kha chuki hai,
Isliye daga ka toh aap bhi shauk nahi rakhti hongi,
Ek baar aap humein apna bana lijiye,
Phir hum dekhte hain aapki aankhein kaise ro dengi,
Fikar na kariye hum ab nahi voh purane waale andaaz mein hai,
Par sacch batayein maza asli aapke har andaaz mein hai,
Mohabbat ka paegaam lekar hum aapki chauhcut par dastakh denge,
Haan bol dein ab aap humein,
Warna ab aapke saamne ro dunga...

-likhtahoon_29

28. Itna Kaafi Hai?

Aaj ka din bhi chala gaya aapke khayalon mein,
Padhai k un bhaari sawalon mein,
Magar accha toh humein ab bohot mehsoos ho raha hai,
Kyonki ab ye dil aa gaya hai aapki baaton pe,
Bas ab aapse phir se mulakaat karne ko ye chahta hai,
Har din milke pyar k voh 3 bol bolna chahta hai,
Bas aap yuhi muskuraate rahein humein tasalli rahegi,
Humari kuch pyar bhari baaton se ye rishta mehfooz ho jata hai,
Aapko hum bura bhi mehsoos nahi karwaaenge,
Khafa toh hokar dekhiye aap humse,
Hum hone hi nahi denge,
Kyonki aapse khoob pyaar nibhaenge,
Bas aapki zaroorat hai is dil ko,
Hum is safar mein aapke humsafar ban jayenge,
Aapse raaston k kaaton par hum apna haath rakhne se kabhi nahi ghabraenge,
Aapse sacchi mohabbat kar bethe hain,
Yeh hum aapko har pal mein bataenge,
Dosti k rishte ko aur bhi khoob banaenge,
Aapke liye toh hum aag ko paani ki tarah pee jayenge,
Marte dum tak aapka saath nibhaenge,
Ab bas aapko hi chahenge,
Aapke har dard aur taqleef le jayenge,
Aaj ek wada karte hain,

Aapse pyar bakhoob nibhaenge...

-likhtahoon_29

29. Bas Ab Ye Dil Aa Gaya Hai

Is masoom se chehre par humara dil aa gaya hai,
Mohabbat-ae-izhaar ka naya roop aa gaya hai,
Hum apni dehleez par aapki mohabbat ka intezaar kar rahe hain,
Bas ab besabri se dur humpar aapka junoon cha gaya hai,
Is matlabi duniya mein aap humein bematlab si lagti hain,
Kisi aur k saath aapki nazdikiyaan humein jalan si lagti hain,
Bas mohabbat-ae-nakaam se ab hum darte hain,
Bas aapki baahon ki chahat si humein ab khalti hai,
Na-jaane aap kaisa asar kar gayi hain humare dil par,
Ki do pal ki duri bhi saal bhar si lagti hain,
Ab sochiye mat humaare baare mein zaada,
Itna hi hai bas hum saaf dil insaan hain,
Ishq kar bethein hai aapse,
Isliye ab mere har lafz tere hi naam hain...

-likhtahoon_29

30. Tere Siwa

Tera khayal aate hi dil muskura deta hai,
Tere ishq ki aahat mein sab bhula deta hai,
Na koi saboot, na koi gawah leta hai,
Tujhse ishq ye bepanah karta hai,
Dusron k saath tumhari nazdikyon ki isse koi parwah nahi hai,
Bashaq se tum isko gumraah kar dena,
Tumhare kehne se ho bhi jayega,
Kyonki tumhare siwa iska koi humraah nahi hai...

-likhtahoon_29

Tum...

Tum khush toh ho tumhari fikar hai mujhe,
Tum naraaz toh nahi ye zikar hai mujhe,
Tumhe is kadar chahta hoon k tumhe khone ka khayal bhi nahi aata,
Aur agar aata bhi hai toh aadhe raste se wapas mud jata,
Nasamajh, Pagal, Majnu, Awara kuch bhi kehlo mujhe main bura nahi maanunga,
Thoda nazdeek bhi toh aao tabhi toh janunga,
Galat mat samajhiye humko, Hum saaf dil insaan hain,
Ishq kar bethein hain aapse tabhi thode se anjaan hain,
Mana mat kijiye aap humein, Dard humse bardaasht nahi hoga,
Phir kabhi humara agar magar aur kaash nahi hoga,
Tumhe dekhte hi is dil ki muskaan dugni ho jaati hai,
Maayusi toh humse kahin dur jaa kar so jaati hai,
Teri kasam ye sacche pyaar ki mohabbat alag hi rang laati hai,
Ab bas tu khafa na hona humse kabhi bas itna hi hum chahte hain,
Tera manpasand har geet hum gaate hain,
Tere liye hum apni raatein bhula denge,
Tu bas saath ho toh sab gum hum milkar bhula denge,
" Tum Meri Si Lagti Ho,
Tum Mere Saath Hi Jachti Ho,
Tum Khaab Sa Lagti Ho,
Tum Meri Si Lagti Ho..."

Izhaar

Hazaar lafz hain, Unginat baatein hain,

Par dil ki karne mein tumse sharmaate hain,

Par aaj toh bolna hi hai, Aaj toh dar ka saamna karna hi hai,

Tumhe shayad pata hai ya shayad nahi,

Ki hum tumhe bohot chahte hain,

Tumse din shuru karte hain, Tumhari baaton mein hi sone chale jaate hain,

Tumhari baahon ka ehsaas lete hain, Tumhare hoton ko chune tak aa jaate hain,

Besharam si mohabbat, Bepanah sa ishq,

Bas tumse hi kar paate hain,

Tumhari fikar mein bethe hain, Tumhari kadar karne ko taraste hain,

Pagal bhi tumhaare aage hain, Bigde bhi tumhari wajah se hain,

Bas tumhare saath pal guzaarne k hazaron bahane banate hain,

Tumhe jitna dekhoon utna hi sukoon paate hain,

Hum saath sawarenge, Halke se jo bikhre hain,

Tumhare raston mein phool se hum bikhrenge,

Kaaton ko hatheli se daba lenge,

Paheli si ho tu, Tumhe suljha denge,

Bas haath pakde rhna ab mera,

Ab akelepan se ghabraate hain,

Tumhari wajah se hi raat k taare pasand aate hain,

Tumko likhte-likhte kalam khatam ho jayegi,

Isliye ab ghuma fira kar tumhe dil ki baat batate hain,

Ishq ho gaya hai tumse,

Aaj izhaar sa karna chahte hain,

Tumse dil laga bethe hain,
Aaj tumse milne bhi chahte hain,
Kya tum is sir dard ko baantna chahti ho?
Kya tum meri hasi banna chahti ho?
Kya tum bhi mujhe aadat sa chahti ho?
Bas itna kehna chahte hain,
Tumse Mohabbar izhaar karna chahte hain,
Tumhe zindagi bhar apne paas rakhna chahte hain...

I Love You
#tummerisi
-likhtahoon_29
(Hitansh Bhardwaj)

Printed by Libri Plureos GmbH in Hamburg,
Germany